Christoph und Michael Well

Auftanz

Bairische und andere Volkstänze

Tanzbeschreibung

Tanzbeschreibungen:
Hermann Well, Michael Well, Eva Rustler, Lefteries Beslicas

Für die Unterstützung möchten wir uns bedanken bei:
Wolfgang Mayer (Institut für Volkskunde der Akademie der Wissenschaften, München)
Franziska Eimer (DVD-Aufnahme), *Hans Peter Hösl* (Fotos)
Hermann Well, Eva Rustler, Lefteries Beslicas
Evi und *Uli Seibert*
Friedrich W. Würfl (Lektor)
Georg Spöttl (Stiftung art 131)

Impressum

JP 2006-TB / ISBN 3-940013-08-0

Layout: Regina Krauß, Speyer

Umschlaggestaltung: Rauchbauer & Partner Werbeagentur GmbH, Gaimersheim

www.preissler-verlag.de

In Zusammenarbeit mit art131

Vorwort

Der Tanz des gemeinen Volkes – das war einmal der Volkstanz. Dass er heute wieder, abseits von volkstümlichen Fernsehsendungen und Tourismuskultur, getanzt wird, ist und war uns, unseren Eltern und Geschwistern seit über 40 Jahren ein großes Anliegen. Dabei waren uns immer die Gaudi und der Spaß an der Bewegung zur Musik wichtiger als eine genaue, brauchtumswissenschaftlich perfekte Zelebrierung der Noten und Schrittfolgen.
Wenn die Sparkassenangestellte mit dem Kardiologen zusammen einen Zwiefachen dreht, dann ist das pure, getanzte Lebensfreude. Oder der Sautanz: reinste, in choreographische Bahnen gelenkte Anarchie; ein Lebensgefühl, welches sich nicht nur in Bayern einstellte, sondern selbstverständlich auch in anderen Hochkulturen dieser Welt, wie der babylonischen, in welcher bereits vor 3000 Jahren mit großer Wahrscheinlichkeit zum Sautanz Bier geopfert und getrunken wurde.
Als im Mai 2005 das Tölzer Gymnasium einen bairischen Abend mit Volkstanz veranstalten wollte, aber keine Musiknoten für diese Besetzung gefunden werden konnten, kam uns die Idee zu diesem Projekt.

Die hier aufgeschriebenen Tänze sind nur der Querschnitt eines großen Repertoires, welches durch verschiedenste Einflüsse immer wieder erweitert und bereichert wurde. Wie zum Beispiel durch den „Italiener", auch „Eisenbahner" genannt, weil er angeblich vor 100 Jahren von italienischen Gastarbeitern beim Eisenbahnbau mitgebracht und so in Bayern heimisch wurde. Volkstanz stellt für uns kein pflegebedürftiges, starres, auf Bayern beschränktes Brauchtum dar, sondern lebendige, offene Volkskultur.
Der Tanz Karşılama aus der Türkei ist zum Beispiel gut dafür geeignet, dass bayerische Schüler die Kultur ihrer türkischen Mitschüler kennen lernen. Umgekehrt wird durch die bairischen Volkstänze bei ausländischen Schülern vielleicht das Interesse am hiesigen Brauchtum geweckt. Beim gemeinsamen Tanzen und Musizieren lernt man sich gegenseitig kennen und schätzen. Die Tatsache, dass jeder bei einem Volkstanz, auf Grund seiner Einfachheit, ohne Vorkenntnisse sofort mitmachen kann, macht den Spaß und das Vergnügen umso größer.

Die Melodien der Tänze sind, egal aus welchem Land sie stammen, in ihrer Einfachheit und Authentizität zeitlos und schön, nie volkstümlich oder kitschig. Diese Art „Gebrauchsmusik" ist unserer Meinung nach auch als musikalische Früherziehung sehr gut geeignet. Die Musikanten lernen dabei musikalisches Gestalten, Phrasieren, Intonieren und Zusammenspiel automatisch und spielerisch.
Die Arrangements sind so angelegt, dass sie mit einem Akkordeon, einer kleinen Geigenmusik oder einer großen Besetzung mit Bläsern relativ leicht und mit einem raschen Erfolgserlebnis zu spielen sind. Für reine B-Instrumentenbesetzungen gibt es eine Bearbeitung für drei Melodiestimmen (z. B. zwei Klarinetten und eine Trompete), Akkordeon mit Akkordbezifferung und Bass.
Dadurch, dass wir die musikalischen Bearbeitungen aus der GEMA herausgenommen haben, sind sie jederzeit und überall frei spielbar.

Seit unserer frühesten Kindheit spielen, tanzen und lieben wir diese Musik. Und wenn „Auftanz" als Anregung dient, zum Beispiel für eine Schulfeier, bei der Schüler mit Lehrern, Eltern mit ihren Kindern, Alteingesessene mit Neubürgern, Norddeutsche mit Bayern, Evangelische mit Katholiken, Ausländer mit Rheinländern, Moslems mit Christen, Trachtler mit Hipp-Hoplern usw. gemeinsam tanzen und musizieren, hätte das Projekt seinen Sinn wunderbar erfüllt.

Viel Spaß beim Spielen und Tanzen wünschen
Christoph und Michael Well

Inhalt

Anmerkungen und praktische Hinweise zum Tanzen

Vielen Volkstanzforschern und Trachtenvereinen, aber auch der Volkstanzpflege in Bayern ist es zu verdanken, dass Volkstänze aufgeschrieben und veröffentlicht wurden. Ohne Menschen wie Erna Schützenberger, Georg von Kaufmann, Karl Horak, Prof. Hermann Jülg, Herbert Lager, Ingeborg Heinrichsen, Felix Hoerburger, Wolfgang Mayer … wären viele dieser wunderschönen Tänze längst vergessen oder nie bekannt geworden. Auch Verlage wie der Kögler Verlag in Stuttgart und der Fidula Verlag haben viel dazu beigetragen, Volkstänze am Leben zu erhalten. Die fränkischen und schwäbischen Volkstänze sind in eigenen Publikationen gut erschlossen (siehe Literaturhinweise).
Ich selbst hatte immer Schwierigkeiten, einen Tanz nach einer Beschreibung zu lernen. Für mich war es wichtig, die Schritte zu sehen und diese direkt nachzutanzen. Mit der beiliegenden DVD wollen wir die Möglichkeit anbieten, die relativ einfachen Figuren und Schritte visuell zu erfassen und damit nachzuvollziehen. Ergänzend haben wir jeden Tanz so gut und genau wie möglich beschrieben.

Die hier angeführten bairischen Tänze orientieren sich an traditionell überlieferten Tanzbeschreibungen (z. B. von Erna Schützenberger und Georg von Kaufmann), einige (z. B. „Woidhansl") weichen jedoch von der traditionellen Überlieferung ab. Die Grundtanzarten für die bairischen Volkstänze sind Polka, Dreher, Walzer und Mazurka. Sie werden mit den verschiedensten Figuren variiert und kombiniert. Jeder Volkstanz beginnt mit einem kurzen Vorspiel, damit sich die Tänzer/-innen auf die Melodie, den Rhythmus und das Tempo einstimmen können.
Kinder und Jugendliche tun sich meistens schwer mit dem gegenseitigen „Auffordern". In so einem Fall ist es hilfreich, die Paare selbst zusammenzustellen oder die Kinder mit einem Aufforderungsspiel spielerisch auf die Tanzfläche zu bringen. Eine andere Möglichkeit, die gegenseitige Schüchternheit zu überwinden, bietet ein Kreis- oder Reihentanz (z. B. „Manavu" oder „Karşılama"). Bei Schülern sollte man möglichst viele Wechseltänze anbieten, damit jeder mit jedem tanzt („Jiffy Mixer", „Sautanz", „Fröhlicher Kreis" …). Wichtig ist, dass man – je nach Alter und Können – mit leichteren Tänzen beginnt und die Kinder nicht mit komplizierten Schritten überfordert. Für Kinder können Tänze jederzeit vereinfacht oder variiert werden. Beispielsweise könnte sich bei der „Schwedischen Maskerade" die Tänzerin unter dem erhobenen Arm des Tänzers drehen, um so einen Walzerschritt zu umgehen. Statt einer Polka können Kinder auch die rechten Arme einhaken und um die eigene Achse hüpfen.
Beim Dreher, Walzer, Swing und bei der Polka sollte man darauf achten, dass die Tänzer ihren Oberkörper leicht nach hinten legen (Rückenlage), um bei der Drehung die Fliehkraft zu nutzen. Als kleine Übung dazu könnte man das Kinderspiel „Die Mühle geht langsam, die Mühle geht schnell" anbieten. Es sollte auch darauf geachtet werden, dass die Tanzschritte nicht zu groß ausfallen und das Körpergewicht grundsätzlich mehr auf die vorderen Fußballen gelegt wird. Sehr wichtig ist es beim Einlernen eines Tanzes, den Auftakt und die Schrittfolge mitzusprechen (Ansage, z. B.: „Und … auseinand und wieder zamm").
Ein optimaler Boden zum Tanzen ist ein „schwingender" Holzboden; geeignet sind auch elastische Kunststoffböden in Turnhallen. Schlecht sind dagegen Beton- und Steinböden. Wie man sich zum Volkstanz kleidet, ist jedem selbst überlassen. Empfehlenswert sind jedoch leichte Schuhe mit Ledersohlen.
Beim Volkstanz kommt es nicht darauf an, dass sofort jeder Schritt genau richtig und perfekt getanzt wird. Es geht nicht darum, etwas „vorzuführen". Wichtig ist, dass man sich traut mitzumachen. Der Spaß und die Freude an der Bewegung auf eine schöne Musik stehen im Vordergrund.

Michael Well

Tanzschritte und Begriffserklärungen

Wechselschritt bzw. Nachstell- oder Beistellschritt
Tz stellt z. B. linken Fuß betont vor und legt Körpergewicht auf diesen Fuß. Den rechten Fuß zieht er nach, wobei er sein Körpergewicht nur kurz auf den rechten Fuß legt. Linker Fuß wird abermals vorgestellt – Körpergewicht wechselt sofort wieder auf den linken Fuß.
Ansage: links und links, rechts und rechts ...
(Woidjaga, Italiener, Manavu ...)

Seitstellschritt
Seitlich gestellter Nachstellschritt.
(Boarischer ...)

Zweischrittdreher
Polkafassung oder beide Hände der Tn liegen auf Schulter des Tz und Hände des Tz umfassen Taille der Tn; Oberkörper leicht zurückgelegt; Körpergewicht von einem Fuß auf den anderen legen; z. B. Tz beginnt mit linkem Fuß, Tn mit rechtem Fuß – Wechsel auf jeweils anderen Fuß; dabei dreht man sich.
Ansage: links – rechts, links – rechts ...
(Boarischer, Krebspolka, Hüatamadl, Kikeriki ...)

Hüpfpolka
Geschlossene Tanzfassung; Tz und Tn hüpfen zweimal auf dem gleichen Fuß und drehen sich dabei, Tz auf linkem Fuß, Tn auf rechtem Fuß.
Ansage: links – links, rechts – rechts, links – links, rechts – rechts ...
(Siebenschritt, Schwedische Maskerade ...)

Polkaschritt
Geschlossene Tanzfassung; schneller Wechsel bzw. Seitstellschritt; Tz beginnt z. B. mit linkem Fuß, Tn mit rechtem Fuß, der jeweils andere Fuß wird schnell nachgestellt, dabei dreht man sich.
Ansage: links und links, rechts und rechts, links und links ...
(Sternpoplka, 1. Teil)

Walzerschritt
Geschlossene Tanzfassung; Tz beginnt mit rechts, Tn mit links; Tz macht mit dem rechten Fuß einen betonten Schritt vor, der linke Fuß wird links vorgestellt, der rechte Fuß beigestellt. Tz setzt linken Fuß betont zurück, rechter Fuß wird schräg nach hinten gestellt, der linke Fuß beigestellt. Tn macht gleichen Schritt gegengleich.
Man geht mit Schritten ein Rechteck aus. Drehung, indem Tz und Tn rechte Schulter nach hinten drehen.

Abkürzungen

Tz	Tänzer
Tn	Tänzerin
TR	Tanzrichtung (geg. Us.)
im Us.	im Uhrzeigersinn
geg. Us.	geg. Uhrzeigersinn

Tanzfassungen

Geschlossene Tanzfassung (Polkafassung)

Tz und Tn stehen sich gegenüber, linke Hand des Tz und rechte Hand der Tn sind gefasst und leicht gestreckt; Tz legt rechte Hand um die Taille der Tn;
Tn legt linke Hand auf rechte Schulter des Tz.

(Sternpolka, Krebspolka, Hüatamadl ...)

Offene Tanzfassung (Hand in Hand, V-Fassung)

Die rechte Hand des Tz hält die linke Hand der Tn; die gefassten Hände hängen locker herab; Tz und Tn stehen nebeneinander mit Blick in TR.

(Offener Walzer, Woidhansl, Schwedische Maskerade ...)

Rheinländerfassung

Tz steht hinter Tn (leicht nach links versetzt); linke Hände sind gefasst und gestreckt; rechte Hände bzw. Arme sind angewinkelt gefasst über rechte Schulter der Tn. Diese Haltung ist ebenso in die andere Richtung (nach rechts) möglich.

(Rheinländer, Woaf, Kuckuckspolka ...)

Kreuzhandfassung

Tz und Tn stehen sich gegenüber und geben sich rechte bzw. linke Hände; beide machen eine halbe Drehung in TR (Tz links, Tn rechts);
rechte bzw. linke Hände sind vor dem Körper über Kreuz gefasst.

(Kreuzpolka, Knödldraahner, Fröhlicher Kreis ...)

Rückenkreuzhandfassung

Wie bei der Kreuzhandfassung, nur auf dem Rücken.

Dreherhaltung

Tz und Tn stehen sich gegenüber, Blick zueinander; die Hände des Tz fassen Tn um ihre Taille, die Hände der Tn liegen auf den Schultern des Tz. Oberkörper beider Tänzer sind leicht zurückgelegt.

Offene Hüftschulterfassung

Tz und Tn stehen nebeneinander, Blick in TR; linke Hand der Tn liegt auf rechter Schulter des Tz; rechte Hand des Tz umfasst Taille der Tn und fasst nach hinten gelegte Hand der Tn.

(Sternpolka, 2. Teil)

Swingfassung

a) Polkafassung
Tz und Tn stehen sich leicht versetzt gegenüber; die Außenseiten der rechten Füße sind zueinandergedreht; Drehung im Us., indem man mit linkem Fuß „anschiebt", d. h. in leichter Hoch-Tief-Bewegung Fuß vorstellen; dabei bleibt der rechte Fuß am Platz – wird nur leicht angehoben und mitgedreht.

b) Amerikanische Swingfassung

Tz und Tn stehen sich gegenüber; jeweils rechte Hand wird auf rechte Schulter des Tanzpartners gelegt; linke Hände fassen sich darunter; Fußstellung und Tanzbewegung wie oben.

(Fröhlicher Kreis)

Schulterfassung

Tänzer stehen nebeneinander, gleiche Blickrichtung;
Arme liegen gestreckt auf Schulter des jeweiligen Nachbarn.

(Karşılama)

Zweihandfassung

Tz und Tn stehen sich gegenüber, Blick zueinander; Hände hängen locker herab oder sind in Brusthöhe gefasst.

Auftanz (Polonaise)

4/4-Takt

Die Polonaise ist ein festlicher Schreittanz im 3/4-Takt und stammt aus Polen, wo er bereits im 16. Jahrhundert getanzt wurde. Sowohl der Tanz als auch die Musik (Bach, Chopin) fanden in ganz Europa Verbreitung. Heutzutage wird die Polonaise meistens als Marsch im 2/4- oder 4/4-Takt gespielt und getanzt. In Bayern wird für Polonaise auch der Begriff „Auftanz“ verwendet, da mit diesem Tanz der Abend eröffnet wird. Die Einfachheit dieses Tanzes ermöglicht es jedem sich zu überwinden, die Tanzfläche zu betreten und mitzumachen. Es ist ein Gemeinschaftstanz, bei dem sich alle anwesenden Gäste sehen und begegnen.
Es gibt unzählige Polonaise-Figuren, die frei aneinandergehängt oder auch improvisiert werden können. Wie man die einzelnen Figuren aneinandersetzt, hängt auch von der Anzahl der Tanzpaare und der Größe der Tanzfläche ab. Wichtig ist, dass ein Paar den Tanz anführt und sich in der Beherrschung der Figuren und deren Reihenfolge sicher ist.
Der Auftanz (Polonaise) ist für jede Altersstufe geeignet, da keine tänzerischen Fähigkeiten vorausgesetzt werden.

Aufstellung: Offene Tanzfassung (Einhandfassung) hintereinander in TR.

Von den vielen verschiedenen Möglichkeiten eine Beschreibung:

1. Teil Paarweiser Rundgang auf der Kreisbahn: je nachdem, wie viel Teilnehmer, 1- bis 2-mal.

2. Teil Paarweise durch die Saalmitte, vorne trennen sich die Paare, Tz nach links, Tn nach rechts; entweder Rundgang im Kreis oder parallel zurückgehen, vorgehen, zurückgehen (je nach Platzverhältnissen).

3. Teil Tänzer gehen aufeinander zu – linksschultrig aneinander vorbeigehen.

4. Teil Auf der gegenüberliegenden Seite rechtsschultrig aneinander vorbeigehen.

5. Teil Paare treffen wieder aufeinander und gehen abermals durch die Saalmitte vor, dort trennt man sich paarweise: 1. Paar links, 2. Paar rechts, 3. Paar links …

6. Teil Paare treffen sich zur „Viererreihe“, Wdh. von Teil 5;
Paare treffen sich zur „Achterreihe“.

7. Teil Sobald man hintereinander in Achterreihen steht, beginnt man mit der „Schlange“; das 1. Paar führt an und geht mit seiner Achterreihe hinter der 2. Achterreihe vorbei, der letzte Tz der 1. Achterreihe fasst den 1. Tz der 2. Achterreihe …; Schlange durch die Reihen; Tz von Paar 1 führt an.

8. Teil „Schnecke“ durch Eindrehen der Schlange; Tz vom Paar 1 zieht immer engere Kreise.

9. Teil Auflösen der Schnecke:
Entweder: die Schnecke eindrehen, bis es nicht mehr geht – dann alle Kniebeuge – 1. Tz schlüpft unter den Reihen durch und zieht alle mit.
Oder: Ausdrehen, indem der 1. Tz sich dreht und die Schlange in entgegengesetzter Richtung (geg. US. bzw. in TR) mit sich zieht.

10. Teil Nach Auflösen der Schnecke: Auflösen der Schlange durch paarweises Gehen in TR.

11. Teil Bilden eine Gasse:
Paar 1 steht sich gegenüber, hebt die Arme (Tor), das nächste Paar geht unten durch, stellt sich ebenfalls gegenüber auf, hebt die Arme usw.; sobald alle durch sind, „Torfassung" lösen und eine Gasse bilden.

12. Teil Galopp durch die Gasse, 2/4-Takt:
Paar 1 beginnt und hüpft im Galopp (Polkafassung bzw. geschlossene Tanzfassung) durch die Gasse zum Ausgangspunkt; Paar 2 folgt unmittelbar.

Am Schluss: Walzer.

Boarischer

2/4-Takt

Der Boarische (Kurzform für Bairische Polka) ist eine langsame Polka mit Ursprung an den südlichen und südöstlichen Grenzen Oberbayerns. Er wird auch in Tirol und im Salzburger Land getanzt und ist unter den bairisch-österreichischen Volkstänzen einer der bekanntesten. Er besteht aus einer Grundform (auseinand – wieder zamm) und vielen verschiedenen Figuren, die frei aneinandergehängt (auch improvisiert) werden können. Der Boarische eignet sich für jede Altersstufe.

Aufstellung: Offene Tanzfassung in TR

1 – 2 Tz und Tn tanzen im Wechselschritt (2 Nachstellschritte: kurz – kurz – lang) auseinander und wieder zusammen; Tz zur Kreismitte, Tn nach außen, mit Außenfuß beginnend.

3 – 4 geschlossene Tanzfassung; 4 Zwischenschrittdreher oder Polka.

Ansage auseinand – wieda zamm – drehen – drehen …

Weitere Figuren

1. Figur Tz springt mit beiden Füßen in Kreismitte. Paare (Tz und Tn) gehen im Wechselschritt aufeinander zu; Dreher.

2. Figur Tz springt mit Außenfuß (linkem Fuß) in Kreismitte, rechten Fuß heben und 1 x darüber klatschen, 1 x unter rechten Fuß klatschen und 1 x über rechten Fuß klatschen, im Wechselschritt wieder aufeinander zugehen und Dreher.

Ansage und – eins, zwei, drei – und wieder zamm

3. Figur Grundform (auseinand – wieder zamm);
beim Drehen Tn hochheben; Tn stützt sich mit gestreckten Armen auf den Schultern des Tz; Tz geht vor „Sprung“ leicht in die Knie.
Tn gehen bei jeder Figur im Wechselschritt auseinander oder drehen sich im Us. aus.

4. Figur Tz und Tn drehen sich nach links (geg. Us.) bzw. nach rechts (im Us.) mit 4 Schritten um die eigene Achse; im Wechselschritt wieder aufeinander zugehen und Dreher.

Jede Figur wird entweder nach Ansage oder frei (z. B. 4 x jede Figur) getanzt.

Fröhlicher Kreis
(Circassian Circle, England, USA)
4/4-Takt

Der Fröhliche Kreis (auch „The Big Circle" oder „Zauberkreis" genannt, auf die Musik von Circassian Circle) ist ein schottischer/englischer Gesellschaftstanz mit Partnerwechsel. Dieser lustige und wunderschöne Wechseltanz beinhaltet 3 Teile: das gemeinsame Zusammengehen zur Kreismitte, den Paartanz (Swing) und eine Art Marsch (Promenade). Dieser Tanz eignet sich für jede Altersstufe und ist besonders bei Jugendlichen sehr beliebt.

Aufstellung: Paarweise durchgefasst zu einem großen, geschlossenen Kreis; eigene Tn steht immer rechts; fremde Tn links vom Tz.

1 – 2 Alle Tänzer machen 4 Gehschritte (links beginnend) zur Kreismitte; beim 4. Schritt Arme nach oben „reißen". 4 Schritte zurück in Ausgangsposition (Kreisbahn).

3 – 4 Wiederholung von 1 – 2.

5 – 6 Tn gehen 4 Schritte zur Kreismitte und wieder 4 Schritte zurück, Tz klatschen dazu.

7 – 8 Tz gehen 4 Schritte zur Kreismitte, drehen sich nach links und gehen 4 Schritte zu der Tn zurück, die vorher links von ihm stand.

9 – 12 Mit neuer Partnerin Swing (amerikanische Swingfassung: rechte Hand auf rechte Schulter, linke Hände unterfassen, Außenseiten der jeweils rechten Füße zueinanderdrehen).

13 – 16 Kreuzhandfassung (oder auch Rheinländerfassung); 16 Schritte „Promenade" in TR (geg. Us.).

Der Tanz beginnt wieder von vorn, indem man Tn nach vorn bzw. rechts weitergibt und zu einem großen Kreis durchfasst.

2. Version: Großer Atlantik (Amerika)

1–8 Tz und Tn gehen bzw. marschieren paarweise in TR (Tz innen, Tn außen).

9–16 Tz gehen in gleicher Richtung weiter. Tn machen eine Kehrtwendung nach links und gehen in die entgegengesetzte Richtung. Dabei wird in die Hände geklatscht.

17–20 Der Tz und die Tn, die sich jetzt zufällig gegenüberstehen, berühren sich mit angewinkeltem Arm mit der flachen Hand und gehen im Kreis (im Us.).

21–24 Das Gleiche mit der linken Hand geg. Us.

25–32 Swing mit normaler Polkafassung oder rechts einhaken und in bzw. geg. Us. drehen oder hüpfen. Der Tanz beginnt von vorn.

Swing: Rechte Füße mit Außenseiten zueinanderdrehen; mit linken Füßen „anschieben" bzw. nachstellen (im Us.); dabei rechte Füße leicht anheben und mitdrehen. Einhaken der rechten Arme; linke Hände in linke Hüfte gestützt (Swing wird gehüpft).

Guat Morgn, Frau Fischer

3/4-Takt

„Guat Morgn, Frau Fischer!“ heißt eigentlich „Guat Morgn, Herr Fischer!“. Lied und Tanz wurden 1931 von Erna Schützenberger in Oberfrauenwald (Bayerischer Wald) aufgeschrieben. Seit Mitte des 19. Jahrhunderts war dies auch ein beliebtes Bockbierlied in München.
Dieser Tanz, der bei Volkstanzabenden gerne als Abschlusstanz gespielt wird, ist kein Figurentanz. Er besteht aus einem gegangenen Teil und einem Walzerteil. Im 1. Teil haken sich Tz und Tn ein, gehen auf der Kreisbahn in TR und singen dabei das Lied (die ersten beiden Takte spielt die Musik voraus). Nach dem Refrain („Auweh, auweh, …“) folgt ein Walzer.

Variation (für Kinder)

Aufstellung: Tn und Tz stehen sich gegenüber, sodass sich ein Innenkreis (Tz) und ein Außenkreis (Tn) ergeben.

1–2 Zwei Seitstellschritte nach links, dabei mit den Händen im Takt klatschen (Seitstellschritt: einen Schritt zur Seite und den anderen Fuß nachstellen).

3–4 Vor einem neuen Partner stehen bleiben und singen: „Guat Morgn, Frau Fischer!“ (Bei „Morgn“ mit beiden Händen auf die Oberschenkel schlagen, bei „Frau“ in die Hände klatschen, bei „Fischer“ dem Gegenüber in beide Hände klatschen.)

5–6 Wie Takt 1–2.

7–8 Wie Takt 3–4, dabei singen: „Frau Fischer, guat Morgn!“

9–10 Wie Takt 1–2.

11–12 Wie Takt 3–4, dabei singen: „Heit gibts a grobs Wetter!“ und klatschen auf „gibts“, „grobs“ und „Wetter“.

13–14 Wie Takt 1–2.

15–16 Wie Takt 3–4, dabei singen: ,,Heit gehn ma net hoam!“ und klatschen auf „gehn“, „net“ und „hoam“.

17–24 Der Tz nimmt die Tn an der Hand; beide schwingen die Arme vor und zurück, während sie mit kleinen Dreierschritten in TR weitergehen. Dabei singen sie: „Auweh, auweh, ...“

25–40 Tz und Tn drehen sich im Walzertakt oder der Tz dreht, in TR gehend, die Tn unter den gefassten und erhobenen rechten Händen im Us. durch.

Text
Guat Morgn, Frau Fischer,
Frau Fischer, guat Morgn!
Heit gibts a grobs Wetter,
heit gehn ma net hoam!
Auweh, auweh, jetz müass ma, jetz müass ma,
auweh, auweh, jetz müass ma hoam!

Jiffy Mixer

4/4-Takt

Der Jiffy Mixer stammt aus den USA. Dieser Tanz wurde von Jerry und Kathi Reit erfunden. Von Walter Kögler (Kögler Verlag, Stuttgart) wurde er aus dem Amerikanischen übersetzt und verbreitet. Musik und Tanz erinnern an einen Jazztanz oder an einen Twist. Der Jiffy Mixer ist für jede Altersstufe geeignet und macht durch Partnerwechsel sowie individuelle Bewegungsgestaltung (Takt 5 – 8) viel Spaß.
Man sollte darauf achten, dass beim „Auseinanderrutschen“ (Takt 5 – 6) die Fußballen den Boden nicht verlassen; es soll eine schleifende oder rutschende Bewegung sein. Tz und Tn sollten dafür auch genügend Platz haben. Das Zusammengehen mit dem neuen Tanzpartner kann jeder Tänzer frei gestalten.

Aufstellung: Geschlossene Tanzfassung in TR, Arme angewinkelt oder gestreckt nach oben.

1–2 Mit Außenfüßen 2x: Hacke (in TR offen nach vorn, Fersen tupfen auf Boden), Spitze (Bewegung nach innen, Fußspitzen tupfen auf Boden, Knie berühren sich fast).
Mit Außenfüßen: Wechselschritt nach vorn.

3–4 Wie 1–2, jedoch geg. TR; Fassung bleibt.

5–6 Tz machen mit geschlossenen Beinen 4 am Boden schleifende Sprünge auseinander (vor jedem Sprung leicht in die Knie gehen). Zwischen den Sprüngen klatschen (1 Klatsch, 2 Klatsch, 3 Klatsch, 4 Klatsch).

7–8 Mit 4 lässigen Gehschritten auf den rechts gegenüberstehenden Tz bzw. die Tn zugehen (Partnerwechsel), dabei zwischen den Schritten mit den Fingern schnipsen.

Ansage Hacke – Spitze, Hacke – Spitze, Wechselschritt
Hacke – Spitze, Hacke – Spitze, Wechselschritt
und – eins Klatsch, zwei Klatsch, drei Klatsch, vier Klatsch
und – eins schnipp, zwei schnipp, drei schnipp, vier schnipp

Hüatamadl

2/4-Takt

Das Hüatamadl ist in Bayern bekannt seit etwa 1910. Verbreitet sind Lied und Tanz in ganz Bayern und Österreich. Die beschriebene Form stammt von Georg von Kaufmann, die einfache Form wurde von Erna Schützenberger dokumentiert. Dieser Tanz eignet sich besonders für Kinder im Vorschulalter.

Aufstellung: Geschlossene Tanzfassung in TR

1 – 2 Mit Außenfüßen beginnen, 4 Schritte in TR marschieren.

3 – 4 4 Zweischrittdreher.

5 Spitzen der Außenfüße auf Boden tupfen.

6 Spitzen der Innenfüße auf Boden tupfen.

7 – 8 4 Zweischrittdreher.

9 – 10 Wdh. 5 und 6.

11 – 12 4 Zweischrittdreher.

Ansage Und – 1, 2, 3, 4 – rundherum gedreht
Außenfuß – Innenfuß – rundherum gedreht
Außenfuß – Innenfuß – rundherum gedreht

Alternative: einfachste Form

Aufstellung: Geschlossene Tanzfassung in TR

1 Außenfüße vorzeigen (Spitzen auf Boden tupfen)

2 Innenfüße vorzeigen (Spitzen auf Boden tippen)

3–4 4 Zweischrittdreher

Immer wiederholen.

Text Koa Hüatamadl måg i net, des is ma an de Wadl z'fett.
Halli, hallo, scheens Diandl, wås sågst då?
Halli, hallo, scheens Diandl, wås sågst då?

Italiener

2/4-Takt

Der Italiener ist ein ruhiger, einfacher Paartanz. Er wurde von Georg von Kaufmann im Chiemgau (Bergen am Chiemsee) aufgeschrieben und in dem Heft „Chiemgauer Tänze“ publiziert. Zu diesem Tanz gibt es verschiedene Geschichten: In einer wird davon erzählt, dass italienische Gastarbeiter, die beim Bahnbau Traunstein-Chiemsee beschäftigt waren, den Italiener getanzt hätten. Deshalb auch der Name „Eisenbahner“. Der Italiener kann als ruhigerer Tanz (zum „Ausruhen“) z. B. nach einer schnellen Polka folgen.

Aufstellung: Geschlossene Tanzfassung in TR.

1	Wiegeschritt nach vorn (Körpergewicht auf Außenfüße). Pendelschritt (Wiegeschritt) zurück (Körpergewicht auf Innenfuß).
2	Wechselschritt vor (in TR).
3	Wiegeschritt zurück (geg. TR). Pendelschritt vor (in TR).
4	Wechselschritt zurück (geg. TR).
5	Wechselschritt vor (TR leicht nach innen lenken).
6	Wechselschritt zurück.
7–8	4 langsame Zweischrittdreher.
Ansage	Wie – ge, Wechselschritt, Wie – ge, Wechselschritt Wechselschritt vor, Wechselschritt zurück Und drehen – drehen (1-2-3-4)

Kikeriki

4/4-Takt

Der Kikeriki wurde von Erna Schützenberger 1930 in der Gegend von Hauzenberg (südlicher Bayerischer Wald) entdeckt und aufgeschrieben. Dieser Tanz ist in ganz Bayern und Österreich verbreitet. Es gibt dazu auch eine Vielzahl von lustigen Liedstrophen. Der Kikeriki ist sehr gut geeignet für das Tanzen mit Kindern.

Aufstellung: Geschlossene Tanzhaltung in TR.

1 Mit Außenfüßen beginnend, 4 Schritte in TR marschieren.

2 4 Zweischrittdreher.

3 Wdh. Takt 1.

4 Wdh. Takt 2.

5 Vorstellen der Außenfüße (mit Fußspitzen auf Boden tippen),
Vorstellen der Innenfüße (mit Fußspitzen auf Boden tippen).

6 4 Zweischrittdreher.

7 Wdh. Takt 5.

8 4 Zweischrittdreher.

Der Tanz beginnt wieder von vorn.

Ansage Und – 1, 2, 3, 4 – rundherum gedreht
1, 2, 3, 4 – rundherum gedreht
Außenfuß – Innenfuß – rundherum gedreht
Außenfuß – Innenfuß – rundherum gedreht

Text

1. Bin i net a scheena Håh'? Kikerikiki!
Schauts amois wås i ois' ko! Kikerikiki!
Gikkerl, Gokkerl, drobn aufm Mist juhee!
Gikkerl, Gokkerl, drobn aufm Mist.

2. Bei da Nåcht, um hoibe zwoa, Kikerikiki,
duat da Gockl einen Schroa, Kikerikiki!
Gikkerl, Gokkerl, drobn aufm Mist juhee!
Gikkerl, Gokkerl, drobn aufm Mist.

Karşılama

(Türkei, Kleinasien)
9/8-Takt

Der Karşılama war ursprünglich von Persien bis Serbien bekannt. Übersetzt heißt Karşılama „gegenüber" oder von „Angesicht zu Angesicht". Er ist eine Art Willkommens- oder Begrüßungstanz, der vor allem an der türkischen Westküste, aber auch in Griechenland getanzt wird. Der Karşılama wird entweder in einer Reihe getanzt oder die Tänzer stehen sich gegenüber. Man kann auch mit einer Reihe beginnen (griechische Form) und später, während des Tanzes, sich lösen und gegenüber oder frei tanzen (türkische Form).

Aufstellung: Reihe, Schulterfassung (gestreckte Arme).

1 4 Schritte nach rechts, in TR mit rechtem Fuß beginnen, den 4. Schritt (linken Fuß) nach rechts vorn mit Ferse aufstellen (kurz, kurz, kurz, lang).

2 4 Schritte zurück, mit linkem Fuß beginnen. Den 4. Schritt (rechten Fuß) links anstellen (kurz, kurz, kurz, lang).

3 Mit beiden Füßen parallel (auf Fußballen) am Platz hin- und herschleifen bzw. wedeln, nach rechts beginnen (rechts, links, rechts, links).

Dann wieder von vorn beginnen.

Variation (türkische Form)

Tz und Tn stehen sich gegenüber, Hände bzw. Arme angewinkelt nach oben. Rechter Fuß überkreuzt linken Fuß (vorne), Belastung auf rechtem Fuß, Belastung auf linkem Fuß, rechter Fuß wieder zurück und linken Fuß anstellen.
Linker Fuß überkreuzt rechten Fuß (vorne), Belastung auf linkem Fuß. Belastung auf rechtem Fuß, linker Fuß wieder zurück und rechten Fuß anstellen.

Ansage rechts – links – rechts – links (linken Fuß an rechten Fuß anstellen)
links – rechts – links – rechts (rechten Fuß an linken Fuß anstellen)

Neuer Klapptanz (USA)

2/4-Takt

Der Neue Klapptanz ist ein amerikanischer Round Dance und heißt ursprünglich „Pattycake Polka“. Klapptänze gibt es in vielen verschiedenen Formen. Der Name leitet sich vermutlich von dem englischen Wort „clap“ ab, also von ,,Klatschen“. Bekannt wurde dieser Tanz durch die Wanderlehrgruppe des Bayerischen Jugendrings in den 60er Jahren. Er ist für jede Altersstufe geeignet.

Aufstellung: Geschlossene Tanzfassung.

1–2	Tz mit linkem Fuß, Tn mir rechtem Fuß: Hacke – Spitze, Hacke – Spitze. (Hacke: Ferse auf Boden tupfen, Spitze: Fußspitzen auf Boden tupfen)
3–4	4 Galoppschritte in TR.
5–6	Wie 1–2, aber Tz mit rechtem Fuß, Tn mit linkem Fuß, Hacke – Spitze, Hacke – Spitze.
7–8	Galoppschritte geg. TR, **aber Tanzfassung bleibt gleich(!).**
9–12	Tanzfassung lösen. Tz und Tn stehen sich gegenüber. 3 x auf Oberschenkel patschen. 3 x in eigene Hände klatschen. 3 x mit rechten Händen zusammenklatschen. 3 x mit linken Händen zusammenklatschen.
13–16	Mit Partner rechts einhaken und mit 8 Hüpfschritten um die eigene Achse drehen.

Variation

Takt 9–12	3 x mit rechten Händen zusammenklatschen. 3 x mit linken Händen zusammenklatschen. 3 x beide Hände gegen Partnerhände klatschen. 3 x auf eigene Oberschenkel klatschen.
Ansage	Hacke – Spitze, Hacke – Spitze, eins, zwei, drei, vier Hacke – Spitze, Hacke – Spitze, eins, zwei, drei, vier eins, zwei, drei eins, zwei, drei eins, zwei, drei eins, zwei, drei hopp, hopp, hopp, hopp, hopp, hopp, hopp, hopp.

Knödldraahner

(Mazurkaform aus Montan/Bozen von Hermann Jülg)
3/4-Takt

Der Knödldraahner ist eine gelaufene Mazurka im Dreierschritt, jedoch ohne Mazurkaschritt. Entdeckt und aufgeschrieben wurde dieser Tanz in Montan bei Bozen von Prof. Hermann Jülg. Beim Knödldraahner braucht man – je nach Anzahl der Tanzpaare – viel Platz, da dieser Tanz bewegungsintensiv ist.

Aufstellung: Kreuzhandfassung (rechter Arm des Tz über dem linken Arm der Tn), Blick in TR.

1–4 12 kleine Laufschritte in TR, mit Außenfüßen beginnen; 1. Viertel etwas betonen (kleiner Mazurkaschritt); beim 12. Schritt Drehung zueinander (Tz nach rechts, Tn nach links), Fassung nicht lösen; beide Tänzer schauen jetzt geg. TR.

5–8 12 Laufschritte (wie 1–4), aber weiter in TR; beim 12. Schritt Drehung zueinander (Tz nach links, Tn nach rechts).

9–10 6 Laufschritte im Us. (nach rechts), Tz vorwärts, Tn rückwärts, um die gemeinsame Achse; beim 6. Schritt macht Tz halbe Drehung nach rechts, Tn halbe Drehung nach links; **Kreuzhandfassung dabei nicht lösen(!).**

11–12 6 Laufschritte im Us.; Tz jetzt rückwärts, Tn vorwärts, beim 6. Schritt steht Tn außen.

13–14 Die linken Hände lösen, Tn dreht sich 2-mal im Us. unter erhobenem rechtem Arm des Tz.

15–16 Tz dreht sich 1-mal geg. Us. unter erhobenem rechtem Arm der Tn; wieder Ausgangsstellung (Kreuzhandfassung), dabei stampft Tz 2-mal kräftig auf den Boden (links – rechts).

Krebspolka

2/4-Takt

Die Krebspolka wurde von Georg von Kaufmann unter dem Namen „Zigeunerpolka“ in Ruhpolding aufgeschrieben. Dieser Tanz taucht auch unter vielen anderen Namen auf, so beispielsweise als „Manchester“, „1, 2, 3, 4“, „Hess“ …
Die Krebspolka ist in Volkstanzkreisen in ganz Bayern und darüber hinaus verbreitet. Der Name bezieht sich vermutlich auf die rückwärts bzw. seitwärts gewandte Fortbewegung des Krebses. Ein lustiger, bewegungsintensiver Tanz, für jede Altersstufe geeignet.

Aufstellung: Geschlossene Tanzfassung.

1. Teil

1–2 2 Nachstellschritte in TR.

3–4 4 Galoppschritte in TR mit Schlusssprung (4. Schritt).

5–8 7 Galoppschritte geg. TR, dabei Tanzfassung nicht lösen.

9–16 Wdh. Takt 1–8.

2. Teil

1–16 Zweischrittdreher oder Polka.

Ansage 1 – 2 – 1, 2, 3, stampf
1, 2, 3, 4, 5, 6, sie-ben

Variation

2. Teil Rechten Arm einhaken und um eigene Achse drehen oder hüpfen.

Kreuzpolka

2/4-Takt

Von der Kreuzpolka sind viele verschiedene Varianten bekannt. Um 1900 war sie ein beliebter Modetanz. Aufgeschrieben und veröffentlicht wurde die Kreuzpolka sowohl von Georg von Kaufmann in Berchtesgaden als auch von Erna Schützenberger in Nottau (Bayerischer Wald). Auch zu diesem Tanz gibt es mehrere Liedversionen. Sehr gut geeignet zum Tanzen mit Kindern.

Aufstellung: Paarweise hintereinander in TR; Kreuzhandfassung.

1–2	Mit Außenfüßen beginnend drei Schritte in TR, beim 4. Schritt überkreuzt jeweils der Innenfuß den Außenfuß und macht einen leichten Tupfschritt (Kreuztupfschritt).
3–4	Nach innen (Tz rechts, Tn links), in Gegentanzrichtung drehen; gegengleich Wdh. Takt 1–2; dabei Tanzfassung nicht lösen.
5	Beide Tänzer drehen sich wieder in TR – Kreuztupfschritt (wie Takt 2: Tz rechten Fuß, Tn linken Fuß).
6	Wieder Drehung in Gegentanzrichtung – Kreuztupfschritt (wie Takt 2: Tz linken Fuß, Tn rechten Fuß)).
7–8	Drehung in TR, Tz dreht Tn unter seinem erhobenen rechten Arm durch (im Us.); dabei geht er langsam in TR weiter; Kreuzhandfassung – der Tanz beginnt von vorn.

Ansage 1 – 2 – 3 tupf
1 – 2 – 3 tupf
seit – tupf – seit – tupf
drehen – drehen

1. Variation

1–2	In geschlossener Tanzfassung 3 Galoppschritte in TR, nach 3. Schritt mit Innenfüßen Kreuztupfschritt.
3–4	Das Gleiche in Gegentanzrichtung – ohne Fassung zu lösen.
5	Kreuztupfschritt nach vorn (Tz rechten Fuß, Tn linken Fuß).
6	Kreuztupfschritt nach hinten (Tz linken Fuß, Tn rechten Fuß).
7–8	Fassung lösen, Tn unter erhobenem Arm des Tz durchdrehen.

2. Variation

1–4	Wie Variation 1.
5	Im Wechselschritt auseinandergehen.
6	Im Wechselschritt zusammengehen.
7–8	Zweischrittdreher oder Polka.

Kuckuckspolka

2/4-Takt

Die Kuckuckspolka wurde von Karl Horak 1931 in Galizien (heutige Ukraine) in einer von Deutschen besiedelten Gegend aufgeschrieben. Veröffentlicht wurde dieser Tanz von Erna Schützenberger in ihren Tanzheften. Ein schöner, „platzsparender" Paartanz für jede Altersstufe.

Aufstellung: Rheinländerfassung, Blick in TR.

1 Die Fersen (Hacke bzw. Absatz) der linken Füße von Tz und Tn tupfen auf Boden. Die Spitzen der linken Füße von Tz und Tn tupfen auf Boden. Blick Richtung Kreismitte.

2 Wechselschritt zur Kreismitte.

3 Wdh. von Takt 1 mit rechtem Fuß, die gefassten rechten Hände bzw. Arme sind gestreckt und zeigen jetzt in die entgegengesetzte Richtung.

4 Wechselschritt nach außen, zurück zur Kreisbahn.

5 Wechselschritt nach innen, Richtung Kreismitte (die gefassten linken Hände bzw. Arme sind gestreckt und zeigen nach innen).

6 Wechselschritt nach außen (die gefassten rechten Hände bzw. Arme sind gestreckt und zeigen nach außen).

7–8 Linke Hände lösen; Tn dreht sich unter gehobenem rechtem Arm des Tz geg. Us. (linksrum) um eigene Achse zur Ausgangstellung.

Ansage Und – Hacke – Spitze – Wechsel-schritt
Hacke – Spitze – Wechsel-schritt
Wechselschritt nach innen – Wechselschritt nach außen
Und – 1, 2, 3, 4 (drehen, drehen)

Manavu (Israel)

2/4-Takt

Manavu ist ein israelischer Gemeinschaftstanz. In Israel gehört der Volkstanz ganz selbstverständlich zum Alltagsleben und erfreut sich großer Beliebtheit. Vor allem in den Kibbuzim werden Singen und Tanzen als Ausdruck des Gemeinschaftssinns sehr gefördert. Ein wunderschöner Tanz, besonders für Jugendliche geeignet.

Aufstellung: Geschlossener Kreis, Handfassung unten (V-Fassung).

1. Teil

1–4 Mit rechtem Fuß 2 Nachstellschritte nach vorn, Wiege zurück (Gewicht auf linkem Fuß, rechter Fuß in der Luft). Wiege vor (Gewicht auf rechtem Fuß, linker Fuß in der Luft).

5–8 2 Schritte zurück (mit linkem Fuß beginnen). Den dritten Schritt (linker Fuß) leicht nach links hinten setzen. Rechten Fuß links anstellen. Arme mit Musik und Schritten mitschwingen.

Dieser Teil wird wiederholt.

2. Teil

1–8 Mit rechtem Fuß Ausfallschritt (Wiege) nach rechts (Belastung auf rechtem Fuß). Gleich wieder Wiege nach links (Belastung auf linkem Fuß). Mit rechtem Fuß vorne linken Fuß überkreuzen (Belastung auf rechtem Fuß). Halbe Drehung nach rechts (auf rechtem Fuß). Mit linkem Fuß 2 Nachstellschritte nach rechts.

Dieser Teil kommt 4 x.

Ansage

1. Teil Und – rechts und rechts
zurück – vor – und
links – rechts – links – rechts

2. Teil Und – rechts, links, rechts
Nach-stell-schritt
und – rechts, links, rechts
Nach-stell-schritt

Mazurka

(Penzberger Mazurka nach Georg von Kaufmann)
3/4-Takt

Die Mazurka gibt es in vielen verschiedenen Versionen; sie ähnelt dem Modetanz „Tyrolienne“ um 1900. Die unten beschriebene Penzberger Mazurka wurde vom Trachtenverein Chiemgau – Alpenland überliefert und von Georg von Kaufmann dokumentiert.
Die Niederbayerische Mazurka hat Erna Schützenberger um 1930 in Salzweg (südl. Bayerischer Wald) aufgeschrieben und in ihren Tanzheften veröffentlicht.

Aufstellung: Geschlossene Tanzfassung (Polkafassung) in TR.

1–2 2 Mazurkaschritte in TR.
Mazurkaschritt: Stark betonter Hüpfschritt nach vorn, dabei Körpergewicht auf Außenfüße legen (Tz linker Fuß, Tn rechter Fuß); 2 weniger betonte Hüpfschritte mit Innenfüßen (Tz rechter Fuß, Tn linker Fuß).

Ansage hopp – 2 – 3, hopp – 2 – 3

3–4 Paarweise Dreher bzw. Walzer nach links(!).

5 Tz hält mit linker Hand rechte Hand der Tn; Seitstellschritt in TR; Innenfüße (Tz rechter Fuß, Tn linker Fuß) überkreuzen Außenfüße und tupfen 2-mal auf.

6 Wie im Takt 5, nur gegengleich; Seitstellschritt zurück; Außenfüße (Tz linker Fuß, Tn rechter Fuß) überkreuzen Innenfüße.

7–8 Tz dreht Tn unter seinem linken erhobenen Arm 2-mal um eigene Achse (im Us., rechts).

Ansage Und – hopp – 2 – 3, hopp – 2 – 3
drehen – drehen
seit – tupf – tupf, seit – tupf – tupf
drehen – drehen

Niederbayerische Mazurka

Aufstellung: Zweihandfassung, Tz steht Tn gegenüber; Tz mit Rücken zur Kreismitte.

1 Tz und Tn machen Seitstellschritt in TR; dabei überkreuzen Innenfüße (Tz rechter Fuß, Tn linker Fuß) die Außenfüße (Standbein) und tupfen 2-mal auf.

2 Wie im Takt 1, nur gegengleich (Außenfüße überkreuzen Innenfüße).

3–4 Mit kräftigem Schwung drehen sich Tz und Tn mit 6 Schritten um die eigene Achse (Tz nach links, Tn nach rechts).

5–6 Geschlossene Tanzfassung; 2 Mazurkaschritte in TR.

7–8 Mit 6 Schritten Dreher oder Walzer nach links(!).

Ansage seit – tupf – tupf, seit – tupf – tupf
drehen – drehen
hopp – 2 – 3, hopp – 2 – 3
drehen – drehen

Mexikanischer Walzer

3/4-Takt

Vom Mexikanischen Walzer ist uns nur bekannt, dass er nicht aus Mexiko stammt. Mehr war über diesen lustigen, wunderschönen Tanz nicht herauszufinden. Für diesen Tanz sollte man den Walzer einigermaßen beherrschen.

Aufstellung: Offene Tanzfassung in TR. Tz mit Rücken zur Kreismitte.

1–2 Tz und Tn machen mit Außenfuß einen kleinen Schritt vor, in TR, Innenfüße (Tz rechter Fuß, Tn linker Fuß) schwingen vor; gegengleich: Tz und Tn stellen Innenfuß zurück und Außenfüße schwingen zurück; die gefassten Hände schwingen mit.

3–4 Tz dreht sich schwungvoll nach links um eigene Achse (geg. Us.); Tn dreht sich schwungvoll um eigene Achse (im Us.); die gefassten Hände schwingen dabei nach vorn – kurz vor Drehung Hände lösen; nach Drehung 2-mal klatschen.

5–8 Tz fasst mit seiner linken Hand die rechte Hand der Tn; Blick geg. TR; Wdh. von Takt 1–4.

9–10 Zweihandfassung; Tz und Tn stehen sich gegenüber; mit linkem Fuß Wiegeschritt nach hinten, dabei Arme strecken, **aber nicht(!) loslassen**; mit rechtem Fuß Wiegeschritt zueinander.

11–12 Mit linkem Fuß Wiegeschritt nach hinten; Fassung lösen und 2-mal klatschen.

13–14 In Zweihandfassung: Wiegeschritt zueinander, Wiegeschritt auseinander.

15–16 Wiegeschritt zueinander – Fassung lösen und hinter dem Rücken des Tanzpartners 2-mal klatschen; dabei Partner umfassen.

17–32 Walzer.

Ansage Und – Vor – zurück und drehen – klatsch, klatsch
Vor – zurück und drehen – klatsch, klatsch
Auseinand – zamm – auseinand – klatsch, klatsch
Zamm – auseinand – zamm – klatsch, klatsch

Variation

Anstatt zu klatschen kann man auch abwechselnd mit den Füßen aufstampfen; z. B. nach Takt 4 klatschen, nach Takt 8 stampfen, nach Takt 12 klatschen, nach Takt 16 stampfen.

Münchner Polka

2/4-Takt

Der Name Münchner Polka stand für „langsame Polka". Der Tanz wurde von Erna Schützenberger um 1930 in Nottau (Bayerischer Wald) aufgeschrieben und in ihren Tanzheften veröffentlicht. Ein einfacher Tanz, der sehr gut geeignet ist für das Tanzen mit Kindern.

Aufstellung: Geschlossene Tanzfassung, Blick in TR (geg. Us.)
Kinder: Zweihandfassung, Tz Rücken zur Kreismitte.

1 2 Nachstellschritte in TR.

2 2 Nachstellschritte geg. TR.

3–4 Tz und Tn drehen sich mit Außenfüßen beginnend in 4 Schritten um die eigene Achse (Tz geg. Us., Tn im Us.).

5 Wie Takt 1.

6 Wie Takt 2.

7 Patschen auf Oberschenkel, klatschen in eigene Hände.

8 3 x in die Hände des Partners klatschen.

Ansage Wechselschritt (vor), Wechselschritt (zurück)
und – 1-2-3-4
Wechselschritt (vor), Wechselschritt (zurück)
patsch, klatsch,
patsch, patsch, patsch

Offener Walzer

3/4-Takt

Der Offene Walzer ist eine Variante des Walzers in einem gemäßigten Tempo. Aufgezeichnet wurde dieser Tanz von Erna Schützenberger in Österreich. Durch die Veröffentlichung in ihren Tanzheften wurde der Offene Walzer in den Volkstanzkreisen in ganz Bayern bekannt.

Aufstellung: Offene Tanzfassung (Hand in Hand oder V-Fassung) in TR.

1–2 Mit Außenfüßen beginnend 2 Walzerschritte in TR gehen (dabei immer 1. Schritt betonen), die gefassten Hände schwingen dabei vor und zurück.

3–4 Tz und Tn drehen sich um 180 Grad nach innen (Tz nach rechts, Tn nach links), gleichzeitig Handwechsel (linke Hand des Tz fasst rechte Hand der Tn), mit Innenfüßen beginnend, 2 Walzerschritte in TR rückwärts weitergehen. Arme wieder mitschwingen (vor und zurück).

5–8 Walzer (Tz beginnt mit linkem Fuß nach hinten).

Alternative

Mit 4 Walzerschritten in TR schwingen. 4 Walzerschritte rückwärts in TR weitergehen. 8 Takte Walzer.

Eiswalzer

(andere Form des offenen Walzers)

Der Eiswalzer stammt aus Oberösterreich und dem Salzburger Land und wurde ebenfalls durch Erna Schützenberger dokumentiert und veröffentlicht. Für diese beiden Tänze gilt: Man muss den Walzerschritt beherrschen und es sollte eine ausreichend große Tanzflache zur Verfügung stehen.

Aufstellung: Geschlossene Tanzfassung mit leicht nach vorn gestreckten Außenhänden.

1–4 Mit Außenfüßen beginnend 4 Walzerschritte in TR.

5–8 Tanzfassung lösen, Tz und Tn drehen sich um 180 Grad nach innen, gleichzeitig fasst linke Hand des Tz rechte Hand der Tn. 4 Walzerschritte in offener Tanzfassung rückwärts gehen (mit Innenfüßen beginnen), dabei Arme mitschwingen. Walzer (Tz beginnt mit linkem Fuß nach hinten).

Pera stus pera kambus

(Griechenland)

2/4-Takt

Der Tanz Pera stus pera kambus stammt von der griechischen Inselgruppe Dodekanes (12 Inseln, Hauptinsel ist Rhodos). Es sind vielerlei Variationen bekannt, sowohl von den Tanzschritten und Tanzfassungen als auch von der Musik. Die beschriebene Variante ist eine einfache Form, die man gut mit Kindern lernen kann.

Aufstellung: Geschlossener Kreis oder Reihe, Schulterfassung, V-Fassung oder Kreuzhandfassung.

1 Seitwärtsschritt nach rechts, linker Fuß überkreuzt rechten Fuß.

2 Seitwärtsschritt nach rechts (Körpergewicht auf rechten Fuß legen), fast gleichzeitig schwingt linker Fuß (bzw. linkes Knie) nach rechts oben.

3 Rechter Fuß (bzw. rechtes Knie) schwingt nach links oben.

4 Linker Fuß (bzw. linkes Knie) schwingt nach rechts oben.

5–8 Das Gleiche zurück nach links (Seitwärtsschritt nach links ...). Bei jedem Schwung federt der jeweils andere Fuß mit; möglichst auf Fußballen tanzen.

Einfachere Erklärung

3 Tanzschritte nach rechts (mit rechtem Fuß beginnen). Beim 3. Schritt schwingt erst linkes Bein leicht nach rechts oben, dann das rechte Bein nach links oben und nochmals das linke Bein nach rechts oben.

Das Gleiche zurück (nach links).

Ansage rechts – links – rechts
schwingen – schwingen – schwingen
links – rechts – links
schwingen – schwingen – schwingen

Rheinländer

2/4-Takt

Der Rheinländer ist eine langsame Polka und seit den 30er Jahren in ganz Deutschland verbreitet. Dieser Tanz wurde zeitweise sogar in den Tanzschulen gelehrt. Die Tanzfassung „Rheinländerfassung“ bezieht sich auf diesen Tanz. Er besteht aus einer Grundfigur und mehreren Varianten. In Bayern wurde er vor allem durch die Veröffentlichung in den Tanzheften von Erna Schützenberger bekannt.

Aufstellung: Rheinländerfassung in TR.

1. Figur

1 Tz und Tn Wechsel- bzw. Seitstellschritt nach links (leicht schräg vorwärts) zur Kreismitte; die gefassten linken Hände sind gestreckt und zeigen zur Kreismitte.

2 Wechselschritt rechts zurück (leicht schräg vorwärts), dabei zeigen jetzt die gestreckten rechten Hände nach rechts in die entgegengesetzte Richtung.

3 Tz und Tn schauen sich erst über linke Schulter der Tn, dann über rechte Schulter der Tn an; dabei zeigen Hände bzw. Arme erst wieder nach links, dann parallel zum Blickkontakt nach rechts.

4 Die linken Hände lösen sich; Tz dreht Tn unter seiner erhobenen rechten Hand geg. Us. um eigene Achse der Tn.

Ansage Wechselschritt und Wechselschritt
links (anschauen) – rechts (anschauen)
dre – hen

2. Figur

1–2 Wie Takt 1–2 oben, jedoch Änderung bei der Tanzfassung: Die linken und rechten Hände des Tz und der Tn sind gefasst und um die Hüfte der Tn gestützt.

3 Tz und Tn stellen linken Fuß auf Ferse Richtung Kreismitte und schauen sich über linke Schulter der Tn an.

4 Tz und Tn stellen rechten Fuß gegengleich nach rechts außen und schauen sich über rechte Schulter der Tn an.

Sautanz (Jägermarsch)

4/4-Takt

Der Sautanz (auch „Der Schweinerne“ oder „Bauern-Française“ genannt) gehört zu den alten Partnerwechseltänzen und wurde von Georg von Kaufmann in der Gegend von Ruhpolding, Inzell und Teisendorf entdeckt und aufgeschrieben.

Aufstellung: Paarweise hintereinander, Einhandfassung, Tz innen, Tn außen. Tanzrichtung: geg. Us.

1–8 Paarweise in Tanzrichtung (geg. Us.) marschieren.

9–16 Paare trennen sich; Tn gehen in entgegengesetzte Richtung (im Us.).
Je 2 Tz stellen sich gegenüber auf und patschen abwechselnd gegenseitig in die Hände. Dabei bleiben sie entweder stehen oder sie gehen langsam in TR weiter.

16 Takte Walzer

Dann beginnt der Tanz von vorn.

Schwedische Maskerade

(Svensk maskerade, Dänemark)

Der Ursprung der Schwedischen Maskerade (Svensk maskerade) lässt sich nicht genau verifizieren. Dem Namen und verschiedenen Quellen nach stammt dieser Tanz aus Skandinavien (Dänemark), wo er vermutlich als Parodie der französischen höfischen Tänze getanzt wurde. Eine andere Quelle findet sich in Siebenbürgen (heutiges Rumänien), wo die Schwedische Maskerade unter „Deutsche Volkstänze“ erschien.
Heute ist dieser Tanz in ganz Deutschland verbreitet und beliebt. Besonders schön und reizvoll ist die Dreiteilung der Rhythmen: 1. Marsch im 4/4-Takt, 2. 3/4-Takt mit Vorschwingen und Walzer, 3. 2/4-Takt und Vorschwingen mit Hüpfpolka. Geeignet für jede Altersstufe, da man für Kinder die Walzer- bzw. Polkateile vereinfachen kann.

Aufstellung: Offene Tanzfassung, Einhandfassung in TR.

1. Teil	**4/4-Takt**
1–4	16 Gehschritte in TR (mit Außenfuß beginnen). Beim 16. Schritt halbe Drehung nach innen, dabei Handfassung beibehalten und rechten Arm (Tz) bzw. linken Arm (Tn) in Gegenrichtung strecken. (Andere Möglichkeit: ganze Drehung, Handfassung wechseln.)
5–8	16 Gehschritte in die entgegengesetzte Richtung (im Us.), beim 16. Schritt jeweils halbe Drehung nach vorn.

2. Teil	**3/4-Takt**
1–4	Arme im 3/4-Takt vor- und zurückschwingen, gleichzeitig Innenfüße, bzw. Außenfüße vorschwingen. Mit dem jeweils anderen Fuß einen leichten Hüpfer nach vorn machen.
5–8	Walzer in TR bei geschlossener Tanzfassung.
9–12	Wie 1–4.
13–16	Wie 5–8.

3. Teil	**4/4-Takt**
1–4	Arme vor- und zurückschwingen, gleichzeitig erst Innenfüße, dann Außenfüße vorschwingen und mit dem jeweils anderen Fuß im Hüpfschritt (2 x auf gleichem Fuß hüpfen) nach vorn tanzen.
5–8	Hüpfpolka in TR (Tz 2 x links hüpfen, 2 x rechts hüpfen/Tn 2 x rechts hüpfen, 2 x links hüpfen).
9–12	Wie 1–4.
13–16	Wie 5–8.

Der Tanz beginnt wieder von vorn.

Variationen

2. Teil	Statt Walzer (Takt 4–8): Tz hält Hand von Tn nach oben und Tn dreht sich um die eigene Achse (im Us.); dabei leicht in TR weitergehen.
3. Teil	Statt Hüpfpolka (Takt 5–8) rechte Arme einhaken und um eigene Achse hüpfen.

Siebenschritt

2/4-Takt

Der Siebenschritt stammt aus Österreich und fand in Bayern Verbreitung durch die Tanzhefte von Erna Schützenberger. Der Tanz besteht im 1. Teil aus einer „gelaufenen Polka", im 2. Teil aus der Grundfigur des „Boarischen" mit einer gehüpften Polka. Ein schöner, bewegungsintensiver Tanz für jede Altersstufe.

Aufstellung: Paarweise hintereinander in TR, Blick in TR; Kreuzhandfassung hinter dem Rücken oder offene Tanzfassung.

1–4 Mit Außenfuß beginnend sieben Laufschritte in TR; den 7. Schritt mit beiden Füßen aufstampfen (Schlusssprung).

5–8 Gegengleich, mit Innenfuß beginnend, sieben Laufschritte zurück, ohne sich zu drehen.

9 Fassung lösen, im Wechselschritt; auseinandergehen (Tz: links – rechts – links; Tn: rechts – links – rechts).

10 Im Wechselschritt wieder zusammengehen (Tz: rechts – links – rechts; Tn: links – rechts – links).

11–12 Hüpfpolka: Polkafassung (geschlossene Tanzfassung). Mit Außenfüßen beginnend (Tz linker Fuß, Tn rechter Fuß), auf einem Fuß, 2-mal hüpfen und sich drehen.

Ansage Und – 1, 2, 3, 4, 5, 6, sie-ben
1, 2, 3, 4, 5, 6, sie-ben
auseinand – wieder zamm
hupf, hupf …

Variante für Takt 11–12

Den rechten Arm einhaken und im Hüpfschritt im Kreis drehen.

Text

1. Bauer bind dein Pudl o,
dass er mi net beißn ko!
Beißt er mi, verklåg i di,
tausnd Taler kost er di!

2. Tausnd Taler san koa Gfrett,
wann i bloß a Dirndl hätt,
des mi rupft, des mi zupft,
des mit mir gern umahupft!

3. Eins, zwei, drei, vier, fünf, sechs, sieben,
wo ist denn der Hans geblieben?
Ist nicht hier, ist nicht da,
ist wohl in Amerika.

Sternpolka

2/4-Takt

Die Sternpolka ist auch unter dem Namen „Doudlebska-Polka" (nach dem Dorf Doudleby in Südböhmen) bekannt oder wird auch „Linzer Polka" (nach der österreichischen Stadt Linz) genannt. In den USA wurde dieser Tanz von Einwanderergruppen gepflegt und kam so wieder zu uns zurück. Von Gegend zu Gegend wird die Sternpolka in leicht veränderten Formen getanzt. Von besonderer Bedeutung aber ist die Dreiteilung: die Polka (die Paare tanzen für sich), die Sterne, die gemeinschaftliche Sternfigur (wobei man darauf achten sollte, dass – je nach Anzahl der Tanzpaare – nicht ein einziger Riesenstern gebildet wird, sondern sich immer 3 bis 5 Paare zu einem Stern zusammenfinden) und der Partnerwechsel, während die Tz klatschen.

Aufstellung: Geschlossene Tanzfassung.

1. Teil
1–16 Zweischrittdreher oder Polka.

2. Teil Bilden möglichst vieler Sterne. Tz legen linke Hand auf linke Schulter des Vordermanns; seine rechte Hand umfasst rechte Hüfte der Tn. Linke Hand der Tn liegt auf rechter Schulter des Tz. Rechte Hand der Tn entweder in eigene rechte Hüfte gestützt oder rechte Hand des Tz fassen (offene Hüftschulterfassung).

1–16 Sternkreis bewegt sich geg. Us.

3. Teil Fassung lösen; Tz schauen zur Kreismitte und klatschen
a) 1 x mit beiden Händen auf eigene Oberschenkel
b) 1 x in die eigenen Hände
c) 1 x in die Hände des linken bzw. rechten Nachbarn
1–16 d) 1 x in die eigenen Hände über eigenem Kopf.
Tn suchen sich währenddessen einen neuen Tanzpartner (auch bei einem anderen Stern) oder sie gehen im Us. im Kreis um die klatschenden Tz.

Der Tanz beginnt wieder von vorn.

Topporzer Kreuzpolka

2/4-Takt

Die Topporzer Kreuzpolka wurde von Karl Horak und Karl Schwartz in der Slowakei aufgezeichnet und 1963 unter dem Titel „Volkstänze aus der Slowakei“ publiziert. Das Besondere an diesem Tanz ist, dass man ihn zu viert tanzt (2 Paare zusammen) und sich das Tempo immer mehr steigert. Dieser Tanz ist sehr beliebt bei Kindern wie auch bei Jugendlichen und Erwachsenen.

Aufstellung: 2 Paare in Kreuzaufstellung; die 2 Tz bzw. die 2 Tn stehen sich gegenüber (Tn rechts neben eigenem Tz).
Entweder: Tz bzw. Tn reichen sich diagonal die Hände – oder Handmühle: rechte Hand umfasst rechtes Handgelenk der Tz bzw. Tn links daneben; Arme sind gestreckt.

1. Teil

1–4 4 Kreuztupfschritte: rechter Fuß überkreuzt linkes Standbein zur Mitte und wird seitlich wieder zurückgestellt.

5–8 4 Kreuztupfschritte mit linkem Fuß über rechtes Standbein (gegengleich zu Takt 1–4). Letztes Viertel kann jeweils mit beiden Füßen gestampft werden.

2. Teil

1–4 Alle klatschen 2-mal in die Hände – mit Handmühle 6 Schritte im Us. (rechts).

5–8 Alle klatschen 2-mal in die Hände – Handmühle mit den linken Händen; 6 Schritte in Gegenrichtung (geg. Us. links).

3. Teil

1–4 Alle klatschen 2-mal in die Hände; Tz haken mit „fremder“ Tn (Tn links daneben) rechts ein und gehen mit 6 Schritten um eigene Achse (im Us., rechts).

5–8 Alle klatschen 2-mal in die Hände; Tz haken mit eigener Tn (Tn rechts daneben) links ein und gehen mit 6 Schritten um eigene Achse (geg. Us., links).

Sofort wieder Handmühlenfassung – der Tanz beginnt von vorn.

Ansage

1. Teil Mitt – seit, mitt – seit, mitt – seit, mitt – stampf
mitt – seit, mitt – seit, mitt – seit, mitt – stampf

2. Teil klatsch – klatsch – 3, 4, 5, 6, 7, 8
klatsch – klatsch – 3, 4, 5, 6, 7, 8

3. Teil Wie 2. Teil.

Mit zunehmender Temposteigerung werden die Schritte gehüpft.

Woaf

3/4-Takt

Die Woaf stammt ursprünglich aus Schönhengstgau, einer deutschen Sprachinsel in Mähren. Dieser Tanz wird auch als „Webertanz" bezeichnet, da wohl in der Gegend viele Weber ansässig waren. Publiziert wurde der Tanz 1930 von Oswald Fladerer („Sudetendeutsche Volkstänze").
Neben der unten beschriebenen Grundfigur gibt es viele weitere sehr schöne Figuren. Auch Erna Schützenberger hat diesen Tanz in ihren Tanzheften veröffentlicht. Unter Volkstänzern ist die Woaf in ganz Bayern und Österreich beliebt.

Einfache Grundform

Aufstellung: Rheinländerfassung, Blick in TR.

1–2 2 seitliche Nachstellschritte links zur Kreismitte (linken Fuß betont in Richtung Kreismitte stellen, dabei leichte Hoch-Tief-Bewegung wie bei langsamem Walzer). Die gefassten linken Hände bzw. Arme sind gestreckt und zeigen zur Kreismitte.

3–4 2 seitliche Nachstellschritte rechts – zurück; die gefassten rechten Hände bzw. Arme sind gestreckt und zeigen in die entgegengesetzte Richtung.

5–6 Tz und Tn schauen sich erst über linke Schulter, dann über rechte Schulter der Tn kurz an, dabei strecken sich Hände bzw. Arme parallel zum Blickkontakt erst nach links zur Kreismitte, dann nach rechts.

7–8 Die linken Hände lösen sich, Tn dreht sich unter dem rechten erhobenen Arm des Tz um die eigene Achse (nach links geg. Us.);
8. Takt: Tn macht auf 1. Viertel leichten Knicks.

9–12 Wie Takt 1–4.

13–16 Gefasste Hände über Kopf des Tz heben, Tn geht in 6 Schritten (nicht hastig) um Tz herum (nach links, geg. Us.); Tn dreht sich bei Takt 16 mit ganzer Drehung in Ausgangsstellung, ohne die Fassung dabei zu lösen; 16. Takt: Tn macht auf 1. Viertel leichten Knicks.

Woidhansl

(Version Well-Buam)
3/4-Takt

Der Woidhansl ist auch unter den Namen „Steirischer Walzer“ oder „Waldhansl“ bekannt und stammt aus dem Ausseerland (Grenze zwischen Steiermark und Salzkammergut). Veröffentlicht wurde der Tanz – zusammen mit einigen Vierzeilern – von Konrad Mautner („Alte Lieder und Weisen aus dem Steirmärkischen Salzkammergut“). Das Besondere und der Reiz dieses Tanzes liegen in dem Zusammenspiel zwischen individuellem Paartanz, dem gemeinschaftlichen Singen und rhythmischen Klatschen („Paschen“) im Kreis.

Aufstellung: Offene Tanzfassung, Innenhände sind gefasst, Blick in TR.

1. Teil

1 Tz und Tn machen mit Außenfuß einen leichten Hüpfer in TR; dabei gleichzeitig die gefassten Hände und Innenfuß mitschwingen.

2 Mit Innenfuß leichten Hüpfschritt vor in TR, gleichzeitig die gefassten Hände zurückschwingen und Außenfuß vorschwingen.

3–4 Tz dreht Tn mit Schwung unter erhobenem rechtem Arm (im Us.) durch.

5–8 Walzer; dabei beginnt Tz Walzerschritt mit linkem Fuß nach hinten.
Dieser Teil kommt 4-mal.

2. Teil Alle Tänzer bleiben stehen, bilden einen Kreis und singen:

Bin's i am Woidhansl sei lustiger Bua – Jodler.
I geh an Woid aussi, i geh am Woid zua,
dreihollaro und schneids å.

3. Teil (1–16) Alle Tänzer klatschen (paschen).

Der Tanz beginnt von vorn.

Weitere Vierzeiler

2. Meine Strümpf, meine Schuah san aus Fuchsleder gmacht – Jodler.
   Sie schlafn beim Tåg und gehn aus bei da Nacht, dreihollaro und schneids å.

3. Weil i am Woidhansl sei Lustiger bi' – Jodler,
   drum schickt si koa traurigs Mensch aa net für mi, dreihollaro und schneids å.

Nach dem dritten Mal klatschen werden zwei weitere Teile geklatscht,
bevor der Tanz wieder beginnt.

Woidjaga

2/4-Takt

Der Woidjaga wurde von Georg von Kaufmann in der Gegend von Ruhpolding und Inzell aufgeschrieben und in den Tanzheften „Chiemgauer Tänze" veröffentlicht. Ein ruhiger, „schleichender" Tanz, der einfach zu erlernen ist.

Aufstellung: Geschlossene Tanzfassung in TR.

1 Wechselschritt mit Außenfuß nach vorn (Tz linker Fuß, Tn rechter Fuß) in TR.

2 Das Gleiche mit dem Innenfuß weiter in TR.

3–4 Wdh. von Takt 1 und 2.

5 Wechselschritt zur Kreismitte.

6 Wechselschritt nach außen (wieder zurück)
geht direkt über in
7–8 4 Zweischrittdreher.

Ansage Und – Wechselschritt und Wechselschritt
Wechselschritt und Wechselschritt
Wechselschritt rein, Wechselschritt raus
und herumgedreht im Kreis

Schuhplattler

Der Schuhplattler ist eine Art Werbetanz aus Oberbayern und Tirol. Der Name leitet sich ab vom Klatschen der Hände auf die Oberschenkel und Schuhsohlen („platteln"). Die Tänzerinnen drehen („kreiseln") sich während des Plattelns der Tänzer um die eigene Achse. Diesen schwierigen Tanz lernt man am besten bei einem Trachtenverein, wo der Schuhplattler als Gruppentanz gepflegt wird.

„Birkensteiner Glöckl"

Das „Birkensteiner Glöckl" ist ein Schuhplattler aus dem Oberland.

Zwiefacher

Ein Zwiefacher ist ein Volkstanz mit Tanzlied, der zwischen Walzer- und Dreherschritt (3/4- und 2/4-Takt) wechselt. Jeder Zwiefache hat seine eigene Rhythmik. Man lernt ihn am besten, indem man den Text mitsingt und die Taktwechsel heraushört.